BEI GRIN MACHT SICH IHR
WISSEN BEZAHLT

AF137197

- Wir veröffentlichen Ihre Hausarbeit,
  Bachelor- und Masterarbeit

- Ihr eigenes eBook und Buch -
  weltweit in allen wichtigen Shops

- Verdienen Sie an jedem Verkauf

Jetzt bei www.GRIN.com hochladen
und kostenlos publizieren

Die frühkindliche Entwicklung. Wichtige Entwicklungsschritte im Kleinkindalter

GRIN

Bibliografische Information der Deutschen Nationalbibliothek:

Die Deutsche Nationalbibliothek verzeichnet diese Publikation in der Deutschen Nationalbibliografie; detaillierte bibliografische Daten sind im Internet über http://dnb.d-nb.de abrufbar.

ISBN: 9783346807502
Dieses Buch ist auch als E-Book erhältlich.

Druck und Bindung: Books on Demand GmbH, Norderstedt Germany
Gedruckt auf säurefreiem Papier aus verantwortungsvollen Quellen

Das vorliegende Werk wurde sorgfältig erarbeitet. Dennoch übernehmen Autoren und Verlag für die Richtigkeit von Angaben, Hinweisen, Links und Ratschlägen sowie eventuelle Druckfehler keine Haftung.

Das Buch bei GRIN: https://www.grin.com/document/1322996

Die frühkindliche Entwicklung: wichtige Entwicklungsschritte im Kleinkindalter

Steyr, März 2022

Abstract

Die Kleinkindzeit ist eine besonders wichtige und prägende Zeit in der Entwicklung eines Kindes. Diese Literaturarbeit erläutert und erklärt die wichtigsten Entwicklungsschritte im Kleinkindalter und gibt Aufschluss über deren Auswirkungen in der Entwicklung. Zu Beginn werden die grundlegendsten Begriffe definiert, anschließend folgt im dritten Kapitel eine Erläuterung der wichtigsten Schritte in der frühkindlichen Entwicklung. In diesem Teil der Arbeit wird der Begriff der „Normalen Entwicklung" sowie die Auswirkungen von Zuwendung auf die kindliche Intelligenz beleuchtet. Anschließend werden verschiedene Erziehungsstile miteinander verglichen. Ebenso wird die emotionale Bindung und deren Wichtigkeit im Kleinkindalter erklärt. Das vierte Kapitel befasst sich mit der Entwicklung der Sprach- und Kommunikationsfähigkeit in den einzelnen Stadien der Entwicklung von Kleinkindern sowie der Entstehung von Empathie. Abschließend wird im fünften Kapitel das Spiel und dessen Bedeutung für die frühkindliche Entwicklung, mit besonderem Fokus auf den 16 Spielformen und Jean Piaget, erläutert. Danach folgt ein Resümee der getroffenen Erkenntnisse.

Vorwort

Ich habe mich dazu entschieden, meine vorwissenschaftliche Arbeit über die frühkindliche Entwicklung zu schreiben, weil mich dieses Themengebiet schon immer sehr interessiert hat. Besonders ausschlaggebend dafür waren meine kleinen Schwestern und alle anderen Kinder in meiner Familie und Verwandtschaft. Zu Beginn wollte ich die Arbeit über die Entwicklung von Kindern bis 13 Jahren schreiben, dies hätte jedoch den Rahmen meiner VWA gesprengt, weshalb ich mich dazu entschied, den Fokus auf die Entwicklung von Kleinkindern zu legen. Das Schreiben der Arbeit erwies sich nicht immer als leicht, doch meistens hat es mir Spaß gemacht, da die Recherche für mich sehr spannend und lehrreich war. Außerdem war es sehr schön, meinen Horizont auf diesem Gebiet zu erweitern. Ein großer Dank gilt auch meiner Familie, welche mich bei dem Schreibprozess emotional unterstützt hat und mich überhaupt erst auf die Idee gebracht hat, über dieses Thema zu schreiben.

Steyr, am 22.02.2022,

Inhalt

1 Einleitung

Laufend werden neue Erkenntnisse auf dem Gebiet der Entwicklungspsychologie getroffen. Passend zu diesem in der Psychologie omnipräsenten Forschungsgebiet befasst sich meine Arbeit mit der Fragestellung, welche wichtigen Entwicklungsschritte es im Kleinkindalter gibt, und erklärt diese. Das Thema ist ein sehr aktuelles, denn Wissenschaftler/innen beschäftigen sich bereits seit geraumer Zeit mit Fragestellungen rund um die Kindheit. Folglich handelt es sich bei der Entwicklungspsychologie um ein sehr großes Themengebiet, weshalb sich meine Arbeit ausschließlich mit der Entwicklung von Kleinkindern befasst.

Das Ziel dieser VWA ist es, die faszinierende Entwicklung von Kleinkindern zu erklären und wichtige Aspekte, wie zum Beispiel die Entstehung der Bindung zu Bezugspersonen, die Sprach- und Kommunikationsentwicklung sowie die Bedeutung vom kindlichen Spiel zu erläutern. Die größte Leitfrage in meiner Arbeit ist die Aufklärung über die wichtigsten Schritte in der frühkindlichen Entwicklung. Die Erläuterung jedes einzelnen Entwicklungsschrittes wäre zu umfassend für eine VWA, weshalb sich diese Arbeit hauptsächlich auf die Beantwortungen der Fragen, ob Zuwendung Auswirkungen auf die kindliche Intelligenz haben kann, welche Erziehungsstile es gibt, wie sich jene auf die Entwicklung auswirken und wie Bindung entsteht, konzentriert. Weiters wird im nächsten Teil die Frage geklärt, wie sich die Sprach- und Kommunikationsfähigkeit entwickelt und unterscheiden lässt. Im fünften der sechs großen Kapitel wird die Frage nach der Bedeutung des Spiels für die psychische Entwicklung von (Klein-) Kindern beantwortet.

Für diese Literaturarbeit wurden viele Bücher aus dem Bereich der Entwicklungspsychologie, aber auch einige passende Internetquellen herangezogen. Unter anderem verwendete ich Werke von bedeutenden Forschern, wie Entwicklungsneurologe Prof. Dr. Richard Michaelis, Dr. Gabriele Haug-Schnabel und Verhaltensbiologe Dr. Joachim Bensel. Diese Literatur klärte vor allem die grundlegendsten Fragen der Entwicklungspsychologie und erläuterte teils auch spezifischere Themen wie z. B. das Kapitel der Sprachentwicklung. Der Aufbau meiner VWA erfolgt chronologisch entsprechend der zuvor bereits genannten Fragestellungen.

2 Begriffsdefinitionen

2.1 Was ist Entwicklung und wie lässt sie sich unterscheiden?

Vorab ist es wichtig, zu definieren, was in meiner VWA überhaupt mit dem Begriff „Entwicklung" gemeint ist. Außerdem soll geklärt werden, wie man diese unterteilen kann.

2.1.1 Entwicklung

„Entwicklung" wird oft, je nach Kontext, unterschiedlich definiert. Eine der allgemeinsten Definitionen lautet: *„Entwicklung ist ein über die Zeit ablaufender Prozess, der von verschiedensten inneren und äußeren Einflüssen immer wieder angestoßen und von diesen in Abfolge und Geschehen bestimmt wird."* (Haugh-Schnabel/Bensel 2017:12). Bei der Entwicklung eines Kindes sind mehrere Faktoren ausschlaggebend. Unter anderem die Einflüsse der Umwelt, der Erziehungsstil, die Haltung der Bezugspersonen zum Kind, aber auch der Einfluss von Autoritätspersonen, wie Lehrern oder Ähnlichem. Jedoch spielt sich die kindliche Entwicklung nicht nur durch äußere Einflüsse ausgelöst ab. Sie wird vor allem durch psychologische und biologische Gegebenheiten vorangetrieben.[1]

2.1.2 Angepasste und fehlangepasste Entwicklung

Entwicklung wird grundsätzlich in angepasste und fehlangepasste Entwicklung unterschieden. Dabei spielen biopsychosoziale Vorgänge und die davon ausgelösten Reaktionen während des Verlaufes der kindlichen Entwicklung eine große Rolle. Maladaptionen, also Fehlanpassungen, werden durch so genannte risikoerhöhende Bedingungen und Einflüsse auf das Kind begünstigt, während im Umkehrschluss positive Einflüsse eine angepasste Entwicklung unterstützen, oder sogar eine Maladaption bessern, bzw. durch eine gut angepasste Entwicklung ersetzen können. Die Risikofaktoren werden in zwei Gruppen unterschieden: die biologischen und psychologischen Bedingungen des Individuums (z. B. Genetik, Charakter, Temperament,

---

1 Vgl.: Haug-Schnabel, Gabriele/Bensel, Joachim: Grundlagen der Entwicklungspsychologie. Die ersten 10 Lebensjahre. 12. Auflage. Freiburg im Breisgau: Herder, 2017, S.12

...), und die psychosozialen äußeren Einflüsse, welche auf das Individuum wirken (Krieg, Armut, Scheidung der Eltern, Fehlen einer liebevollen Bezugsperson, ...). Allgemein kann man sagen, dass der Begriff „Entwicklung" in vielen Gebieten verwendet wird, und oft auch unterschiedlich definiert wird. So wird er von Kultur zu Kultur, von Gesellschaft zu Gesellschaft und von Mensch zu Mensch ein bisschen anders verwendet und ist anders behaftet. Der grundlegende Aspekt der Veränderung und Weiterentwicklung bleibt jedoch immer erhalten.[2]

2.2 Was sind Entwicklungsschritte?

Entwicklungsschritte, auch „Entwicklungsabschnitte" genannt, sind wichtige Etappen in der Entwicklung von Kindern und Teil deren psychosozialen Entwicklung. Es gibt allgemeine Entwicklungsschritte, die jedes Kind, unabhängig von Kulturkreis, Familienverhältnisse, sozialer Stellung oder Ähnlichem zu bewältigen hat, aber es gibt auch individuelle Herausforderungen. Zu diesen zählen beispielsweise das Fehlen von Geschwistern oder das Leben mit einer Einschränkung (egal ob körperlich oder psychisch). Für jede Entwicklungsperiode gibt es bestimmte Entwicklungsaufgaben, die das Kind in dem jeweiligen Abschnitt seines Lebens bewältigen muss. *„Eine Entwicklungsaufgabe gilt dann als bewältigt, wenn es das Kind geschafft hat, sich so weiterzuentwickeln, um nun weitere, differenziertere, und verlässlichere Vorstellungen über sich selbst als Individuum, sowie über seine Umwelt verfügt."* (Haugh-Schnabel/Bensel 2017:13). Dies bedeutet meistens, dass Kinder nun auf gewisse Umwelteinflüsse oder Probleme mit neuen Aktionen reagieren können. Beispielsweise passiert dies, wenn ein Baby versucht, aufzustehen um sich etwas vom Tisch zu holen, es aber noch nicht stehen kann. Das Baby beschäftigt sich dann so lange mit diesem Problem, bis es stehen lernt, sei es mit Hilfsmitteln, wie einem Tischbein an dem es sich hochziehen kann, oder einem Hocker, auf den es klettert. Diese Entwicklungsaufgabe ist bewältigt, wenn es das Baby wirklich schafft, aufzustehen und sich das gewünschte Objekt vom Tisch zu holen. Dafür sind neue motorische Funktionen zu lernen und

---

[2] Vgl.: Haug-Schnabel, Gabriele/Bensel, Joachim 2017: 14

anzuwenden.[3] Beispiele für Entwicklungsaufgaben im Kleinkindalter sind in folgender Tabelle angeführt.

Entwicklungsperiode	Aufgabe
0-2 Jahre	• Soziale Bindungen eingehen (vor allem zur Bezugsperson) • Motorische Funktionen erlernen
2-4 Jahre	• Selbstkontrolle • Sprachliche Entwicklung = Kommunikationsfähigkeit • Fantasie und Spiel • Verfeinerung motorischer Funktionen

Tabelle Entwicklungsaufgaben[4]

2.3 Was versteht man unter den Begriffen „Kleinkind" und „frühkindliche Entwicklung"

Bezugnehmend auf das Thema der hier vorliegenden VWA sollte vorweg geklärt sein, wie frühkindliche Entwicklung definiert wird und von welchem Alter, bis zu welchem Alter ein Kind noch als Kleinkind gilt.

2.3.1 Kleinkind

Als Kleinkinder werden Kinder bezeichnet, welche das zweite Lebensjahr begonnen haben, jedoch nicht älter als drei Jahre sind.[5] Teilweise werden auch noch Vierjährige als Kleinkind bezeichnet[6], doch diese können auch schon zu den Kindergarten- bzw. Vorschulkindern gezählt werden.[7]

---

[3] Vgl.: Haug-Schnabel, Gabriele/Bensel, Joachim 2017: 13
[4] Vgl.: Haug-Schnabel, Gabriele/Bensel, Joachim 2017: 13
[5] Vgl.: Kassenärztliche Bundesvereinigung: Altersgruppen. 01.07.2021. https://www.kbv.de/tools/ebm/html/4.3.5_162395004446927562274884.html (Zugriff am 28.8.2021).
[6] Vgl.: o.V.: Kleinkind. Das. https://www.duden.de/rechtschreibung/Kleinkind (Zugriff am 28.8.2021).
[7] Vgl.: o.V.: Kleinkinder. 16.03.2021. https://de.wikipedia.org/wiki/Kleinkind (Zugriff am 28.8.2021).

2.3.2 Frühkindliche Entwicklung

Frühkindliche Entwicklung umfasst, wie im Wort selbst bereits enthalten, die Entwicklung im frühen Kindesalter. Das frühe Kindesalter beginnt mit der Geburt und endet im Vorschulalter, also mit ca. fünf Jahren.[8]

---

8 Vgl.: Herausgeber: Moosbach, Dirk: Frühkindlich.
https://www.wortbedeutung.info/fr%C3%BChkindlich/ (Zugriff am 28.8.2021).

3   Schritte in der frühkindlichen Entwicklung

3.1   Gibt es eine so genannte „normale" Entwicklung?

Im Alltag stolpert man oft über den Begriff „normale Entwicklung". Doch wie zeichnet sich eine angeblich normale Entwicklung überhaupt aus? Zu allererst sei gesagt, dass nicht jedes Kind gleich ist, weshalb es sinnlos ist, ein Individuum, welches vielleicht von der Norm abweicht, als „unnormal" zu deklarieren. Grundsätzlich kann man sagen, dass es das modellhafte, idealtypische Durchschnittskind, dessen altersgemäße Entwicklung in allen Bereichen genau einem Plan entspricht, in der Realität nicht gibt.[9] Dennoch gibt es gewisse Stadien in der Entwicklung, die jedes Kind einmal im Laufe seines Heranwachsens, in der Geschwindigkeit sowie im Ablauf individuell, durchmacht. Dabei muss das so genannte Entwicklungsalter (gemessen mit Hilfe eines Entwicklungstests in den Bereichen Körpergröße, IQ, Lesen, Rechnen und Zeichnen) nicht immer mit dem tatsächlichen Lebensalter übereinstimmen, da es lediglich an dem Durchschnittskind orientiert ist, ohne die Variabilität normaler Entwicklung entsprechend der Individualität zu berücksichtigen.[10]

Eigenschaften und Fähigkeiten sind von Kind zu Kind unterschiedlich und werden entweder durch die Umwelt des Kindes gefördert oder auch nicht, wodurch Unterschiede zwischen gleichaltrigen Kindern entstehen. Außerdem reifen gewisse Eigenschaften und Fähigkeiten bei manchen Kindern mehr oder weniger als bei anderen, und sie sind auch anders angelegt.[11]

Bei diesem Themengebiet kann man wohl sagen, dass das Sprichwort: „Alle Wege führen nach Rom." zutrifft. Bei Babys bzw. Kleinkindern kann man dies zum Beispiel an der Entwicklung des Stehens erkennen. Die meisten Kinder (87%) machen dabei den Ablauf Liegen - Drehen – Kreisrutschen – Robben – Kriechen – Vierfüßlergang – Stehen

---

9 Vgl.: Haug-Schnabel, Gabriele/Bensel, Joachim 2017: 28
10 Vgl.: Stangl, W.: Stichwort: 'Entwicklungsalter – Online Lexikon für Psychologie und Pädagogik'. https://lexikon.stangl.eu/11171/entwicklungsalter (Zugriff am 18.9.2021).
11 Vgl.: Haug-Schnabel, Gabriele/Bensel, Joachim 2017: 29

– Gehen durch, doch es gibt auch viele andere Herangehensweisen. Eine davon wäre: im Liegen zu starten - Drehen – Kreisrutschen – Aufsitzen – im Sitzen rutschen – Aufstehen – Gehen. Diese Variante wenden nur drei Prozent an.[12] Vor allem beim Übergang vom Säuglings- ins Kleinkindalter finden sehr viele neue Entwicklungsschritte statt, welche alle sehr unterschiedlich sind. Kinder, die gewisse Schritte auslassen oder überspringen, kommen meist trotzdem am gleichen Ziel an wie andere Kinder, die jeden Entwicklungsschritt ganz „normal" hinter sich gebracht haben.[13]

Auf Grund dieser Erkenntnisse kann man also sagen, dass man nicht wirklich von einer allgemeinen „normalen" Entwicklung sprechen kann.

3.2 Kann Zuwendung in den ersten Lebensjahren Auswirkungen auf die kindliche Intelligenz haben?

3.2.1 Was ist die „Pädagogische Qualität"?

Pädagogische Qualität stellen die vom Kind erlebten Anregungen, welche von den Eltern oder Bildungseinrichtungen gezielt eingesetzt werden können, um Kinder in ihrer Entwicklung zu fördern, dar. Die interfamiliäre pädagogische Qualität hat eine zwei bis dreimal so hohe Auswirkung auf Unterschiede im Entwicklungsstand von Kindergartenkindern als die pädagogische Qualität von Betreuungs- und Bildungseinrichtungen (z. B. Tagespflege oder Kindergarten).[14]

3.2.2 Auswirkungen auf die Intelligenzentwicklung

Ein sehr wichtiger interfamiliärer Faktor, welcher zu einer förderlichen Entwicklung beiträgt, ist eine gute Eltern-Kind-Beziehung. Sind die Mütter gut gebildet, erwerbstätig und vor allem psychisch stabil, so weisen deren Kinder, laut NUBBEK-Studie, schon sehr früh einen höheren Sprachstand, bessere Sozialkompetenz und somit auch weniger Problemverhalten auf. Der IQ ist bei Kindern, die so lange wie möglich gestillt wurden,

---

[12] Vgl.: Haug-Schnabel, Gabriele/Bensel, Joachim 2017: 29 Abb. 2
[13] Vgl.: Haug-Schnabel, Gabriele/Bensel, Joachim 2017: 30
[14] Vgl.: Haug-Schnabel, Gabriele/Bensel, Joachim 2017: 33 und Voigt, Nadine: Pädagogische Qualität. https://shop.autorenwelt.de/products/padagogische-qualitat-qualitat-fur-schulkinder-in-tageseinrichtungen-quast-von-nadine-voigt. Langenargen: GRIN, 2007

auch deutlich höher als bei Kindern, die mit der Flasche gefüttert wurden. Vor allem bei zweijährigen Kindern ist eine positiv erfahrene Interaktion mit der Mutter sehr wichtig. Wird das Kleinkind von den Eltern gefördert, zum Beispiel mit Lernspielen, so wirkt sich dies positiv auf die Entwicklung aus, und trägt dazu bei, die Rohintelligenz auszuarbeiten. Doch nicht nur zu Hause soll das Kind gefördert werden, sondern auch schon sehr früh in Betreuungseinrichtungen. Auch dort ist eine gute Beziehung zu den Betreuern ausschlaggebend für Sprachentwicklung, soziale und emotionale Kompetenz und problemfreies Verhalten. Wenn sich Eltern und Betreuer also mit Kleinkindern aktiv beschäftigen, weisen sie später nachweislich einen höheren Intelligenzquotienten auf, als Kinder, welche keine Förderung in den frühen Lebensjahren erhalten haben.[15]

3.3 Was sind die am meisten vorkommenden Erziehungsstile und wie beeinflussen sie die Entwicklung?

3.3.1 Ansätze zur Definition von Erziehung

Unter Erziehung versteht man die andauernde, gegenseitige Beeinflussung mehrerer Individuen. Dies geschieht entweder bewusst oder unbewusst. Viele Entwicklungspsychologen haben unterschiedliche Definitionen und Entwicklungsstile erfunden, um das Phänomen der erfolgreichen Erziehung zu beschreiben und zu unterstützen. Otto Speck etwa definierte Erziehung wie folgt:[16]

> *„Erziehung ganz allgemein gesehen ist eine Auseinandersetzung zwischen dem autonomen System des Erwachsenen und dem autonomen System des Kindes. Dabei werden auf beiden Seiten gemäß dem ihr eigenen Ansatz (System) Interessen ins Spiel gebracht: aufseiten des Erziehenden u. a. erzieherische - was auch immer darunter verstanden werden mag - aufseiten des Edukanden als eines Menschen, der sein Selbst unter erzieherischen Einfluss zu entfalten und seine Autonomie zu bewahren hat.*
> *(Speck 1991: 11)*

---

[15] Vgl.: Haug-Schnabel, Gabriele/Bensel, Joachim 2017: 34
[16] Vgl.: Speck, Otto: Chaos und Autonomie in der Erziehung. Erziehungsschwierigkeiten unter moralischem Aspekt. München: Reinhardt-Verlag: 1991, S. 112f

Eine etwas allgemeinere Definition kommt vom deutsch-österreichischen Erziehungswissenschaftler Wolfgang Brezinka und lautet:[17]

> *Das Wort Erziehung wird als Sammelbezeichnung für alle erfolgreichen und erfolglosen Versuche verwendet, das Verhalten von Mitmenschen, insbesondere von Kindern, in einer gewünschten Richtung zu ändern. Zur Erziehung gehören demnach: Erziehung im Elternhaus, Unterricht, Bildung, Seelsorge, Sozialarbeit u.a.*
> *(Brezinka o.J.)*

Verschiedene Erziehungsstile und -ideen haben sich im Wandel der Zeit ständig verändert und sind je nach gesellschaftspolitischen und kulturellen Hintergründen unterschiedlich. Vor allem im Laufe der letzten zwei Jahrhunderte kamen sehr viele neue Denkansätze und Vorstellungen zum Thema Kindererziehung auf. Doch nicht nur die Eltern bestimmen, wie sich das Kind entwickelt. Einen beachtlichen Teil trägt auch das Kind selbst mit der eigenen Persönlichkeit aktiv dazu bei.[18]

3.3.2 Erziehungsstile

Vor allem bei Kleinkindern ist die Erziehung ein sehr wichtiger Aspekt. Besonders in dieser Phase des Lebens sind Kinder oft trotzig und wollen alles selbst erkunden und erledigen, auch wenn sie oft noch nicht dazu in der Lage sind. Dies stellt viele Eltern vor die Frage, wie sie auf das veränderte Verhalten der Kinder reagieren sollen. Größtenteils wird zwischen vier Erziehungsstilen unterschieden, wobei sich diese jedoch in der Praxis meist überschneiden. Jeder Erziehungsstil hat gewisse Auswirkungen auf das Kind und dessen Verhalten. Die vier meist angewandten Erziehungsstile sind der vernachlässigende, der nachlässige, der autoritäre und der autoritätsbezogene Stil. Die Grundaspekte der jeweiligen Erziehungsstile werden in der Abbildung A1[19] dargestellt.

A1 Die Erziehungsstile im Überblick [19]

---

[17] Vgl.: Brezinka, Wolfgang: Definition Erziehung: https://www.hf.uni-koeln.de/data/lebama/File/Definitionen%20von%20Erziehung.pdf (Zugriff am 28.10.2021).
[18] Vgl.: Haug-Schnabel, Gabriele/Bensel, Joachim 2017: 35
[19] Vgl.: Mühlan, Eberhard: Einzigartig. 1. Auflage. Braunschweig: Mühlan Medien, 2014, S. 83

3.3.3 Vernachlässigender Erziehungsstil

Die vernachlässigende Erziehung geht nicht auf die Aspekte Kontrolle, Lenkung, Unterstützung und Ermutigung ein. Die Eltern empfinden es als nicht notwendig, die Kinder zu kontrollieren oder zu lenken. Belohnt, gelobt oder unterstützt werden die Kinder nur auf ihre ausdrückliche Bitte hin. Die Eltern verhalten sich passiv und mischen sich in die Entwicklung nicht ein. Da die Kinder sehr viel Freiraum haben und selbst Entscheidungen treffen müssen, ist dieser Stil vor allem für Kleinkinder nicht ideal. Kleinkinder sind sich über viele Dinge noch nicht bewusst, bzw. können sie vieles noch nicht selbst bewerkstelligen. Es werden an die Kinder keine Werte oder Vorstellungen weitergegeben, weder altersentsprechende noch soziale oder moralische Grundsätze, um die Kinder nicht zu beeinflussen. Es sind außerdem keine Regeln oder Konsequenzen vorgegeben, die Kinder werden sich komplett selbst überlassen. Dass sich Eltern für diesen Stil entscheiden, hat mehrerlei Gründe. Beispielsweise wollen sie den Kindern eine größtmögliche Entfaltungsmöglichkeit bieten. Meistens wird der vernachlässigende Stil aber gewählt, weil die Eltern mit trotzigen Kleinkindern schlichtweg überfordert sind, oder Auseinandersetzungen nicht gewachsen sind und ihnen deshalb aus dem Weg gehen wollen.[20]

3.3.4 Antiautoritärer Erziehungsstil

Die antiautoritäre, auch nachlässige, Erziehung stellt bei Kleinkindern ebenfalls ein Problem dar. Die Eltern ermutigen und unterstützen ihre Kinder in allen Dingen, versuchen jedoch nicht, sie zu kontrollieren. Man möchte die Kinder nicht in bestimmte Formen drängen, denn dies soll der freien Entfaltung schaden. Vielmals tritt jedoch die Erkenntnis auf, dass Kinder bei diesem Stil oft egoistisch, wild und ungebändigt werden, und die Eltern sich selbst oft nicht mehr vor den Kindern beweisen können. Die Eltern interagieren mit den Kindern auf Augenhöhe, also respektvoll und freundlich.

---

[20] Vgl.: Giera, Sandra: Stärken und Schwächen der vernachlässigenden Erziehung. https://sandragiera.de/staerken-und-schwaechen-der-vernachlaessigenden-erziehung/ (Zugriff am 28.10.2021).

So wie beim nachlässigen Erziehungsstil sollen auch hier Kinder eigene Entscheidungen treffen, die Konsequenzen tragen, und sich frei entfalten.[21]

3.3.5 Autoritärer Erziehungsstil

Wie schon der Name verrät, hat bei der autoritären Erziehung die Kontrolle und das Lenken des Kindes durch die Eltern einen sehr hohen Stellenwert. Unterstützt und ermutigt wird das Kind im Vergleich zu anderen Erziehungskonzepten jedoch weniger. Dies ist nicht ideal ist für eine gute Entwicklung der Persönlichkeit. Jedoch ist es vor allem für Kleinkinder oft gut, gelenkt und erzogen zu werden, um eine gute Sozialisation vorauszusetzen. Manchmal wirkt sich die autoritäre Erziehung jedoch auf die Empfindung gegenüber den Eltern negativ aus. Oft fehlen Wärme, Herzlichkeit, Offenheit und Vertrautheit. Es kommt vor, dass Eltern sich für diesen Stil entscheiden, um zu vermeiden, dass ihnen die Macht über das Verhalten ihrer Kinder entgleitet. Vor allem sollen sich die Kinder vor Strafen fürchten, was bei Kleinkindern besser funktioniert, als bei älteren. Autoritär erzogene Kinder entwickeln sich oft zu Anpassern oder zu Rebellen. Beides sind keine guten Eigenschaften für eine gelungene Sozialisation im späteren Leben.[22]

3.3.6 Autoritätsbezogener Erziehungsstil

Der autoritätsbezogenen Erziehungstyp ist sozusagen eine Kombination aus den Vorteilen der nachlässigen und der autoritären Erziehung. Hierbei entscheiden sich die Eltern dazu, ihr Kind zu ermutigen und bekräftigen, jedoch kontrollieren sie die Kinder auch in deren Handlungen und leiten sie an. Die Eltern akzeptieren ihr Kind als eigenständige Person mit eigener Persönlichkeit und Charakter, fördern es entsprechend und lassen ihm Freiheiten. Jedoch gibt es trotzdem Regeln und Grenzen, die von den Kindern eingehalten und befolgt werden müssen. Die Kinder erfahren emotionale Wärme und Geborgenheit und fühlen sich sowie wahr- als auch ernstgenommen. Sie werden liebevoll auf das weitere Leben vorbereitet und auf ihrem

---

[21] Vgl.: Giera, Sandra: Stärken und Schwächen der nachlässigen Erziehung.
https://sandragiera.de/staerken-und-schwaechen-der-nachlaessigen-erziehung/ (Zugriff am 28.10.2021)
[22] Vgl.: Giera, Sandra: Stärken und Schwächen der autoritären Erziehung.
https://sandragiera.de/staerken-und-schwaechen-der-autoritaeren-erziehung/ (Zugriff am 28.10.2021)

Weg begleitet. Diese Erziehungsform ist generell die als am besten befundene. Sie lässt sich bei Kleinkindern, wie auch im Schulkindalter und bis in die Jugendjahre, sehr gut umsetzen. Erwachsene, welche eine autoritätsbezogene Erziehung genossen haben, haben im Leben einen festen Standpunkt, ein gesundes Selbstwertgefühl, und vertragen sich gut mit anderen Menschen. Auch im Berufsleben haben solche Personen bessere Chancen, da sie ihre Meinung gut äußern können, die Argumente anderer aufnehmen, konfliktfähig sind, sich an Regeln halten können und Mitmenschen respektvoll und zuvorkommend behandeln.[23]

3.4 Die emotionale Bindung bei Kleinkindern und die Auswirkung auf deren weiteres Leben

3.4.1 Allgemeines

Die emotionale Bindung beginnt bereits im Säuglingsalter und endet mit dem Tod. Besonders in den ersten Lebensjahren nimmt der Aufbau einer guten Bindung zu den Eltern beziehungsweise zu einer Bezugsperson einen sehr hohen Stellenwert ein. Es baut sich eine enge emotionale Beziehung zwischen Kind und Bezugsperson auf, welche evolutionstechnisch die Aufgabe hat, das Überleben des Kindes zu sichern. Jedoch ist diese Beziehung auch noch für sehr viel mehr ausschlaggebend. Das Kind lernt von der Bezugsperson, wie man auf gewisse Situationen reagiert, wie man mit anderen Menschen umgeht und vieles mehr.[24]

3.4.2 Fremde – Situation – Test von Mary Ainsworth

Die Entwicklungspsychologin Mary Ainsworth vollführte ein Experiment mit dem Namen „Strange Situation Test", also „Fremde-Situation-Test", kurz „FST", in dem sie Kleinkinder im Alter von ca. zwölf bis achtzehn Monaten mit ihren Müttern allein in einen Raum sperrte. Das Kind spielte mit vorbereiteten Spielsachen, während ihm die Mutter dabei zusah. Nach einiger Zeit kam eine Assistentin in den Raum, die mit der

---

[23] Vgl.: Giera, Sandra: Stärken und Schwächen der autoritätsbezogenen Erziehung. https://sandragiera.de/staerken-und-schwaechen-der-autoritaetsbezogenen-erziehung/ (Zugriff am 28.10.2021)
[24] Vgl.: Rettenwender, Elisabeth: PSYCHOlogie. 4. Auflage. Wien: Veritas, 2021, S. 127

Mutter redete. Dann verließ die Mutter den Raum und das Kind war mit der fremden Frau alleine. Diese beschäftigte sich mit dem Kind, bis die Mutter wieder zurückkam. Wenige Minuten später verließen beide den Raum, das Kind blieb mit der Handtasche der Mutter allein im Raum zurück. Die Kinder wurden nun drei Minuten lang allein gelassen. Danach betrat die Assistentin den Raum und beschäftigte sich mit dem Kind. Darauf kam die Mutter wieder zurück und nahm ihr Kind hoch.[25]

3.4.3 Bindungstypen nach Mary Ainsworth

Anhand von dem oben genannten Experiment leitete Mary Ainsworth verschiedene Bindungstypen ab:

	Sichere Bindung	Unsichere Bindung	Unsichere ambivalente Bindung
Reaktion auf das Verlassen der Mutter	Diese Kinder wurden leicht unruhig als die Mutter den Raum verließ.	Unsicher gebundene Kinder wirkten eher unbeeindruckt.	Als deren Mütter den Raum verließen, reagierten unsicher ambivalent gebundene Kinder mit Angst. Sie waren in ihrer Verhaltensweise extrem verunsichert, weinten und wurden fast hysterisch, ließen sich nicht beruhigen und schlugen sogar gegen die Türe hinter der die Mutter verschwunden war.
Reaktion auf das	Als die Mutter den Raum wieder betrat,	Beim Wiedersehen mit der Mutter	Komischerweise zeigten sie beim Wiedereintreten

---

[25] Vgl.: o.V.: Fremde-Situations-Test. https://de.wikipedia.org/wiki/Fremde-Situations-Test (Zugriff am 28.10.2021) und Prof. Dr. Michaelis, Richard: Die ersten fünf Jahre im Leben eines Kindes. München: Knaur, 2006, S. 97

Wiederkommen der Mutter	suchten sie Kontakt zu ihr.	ignorierten die Kinder diese entweder, oder lehnten sie komplett ab.	der Mutter keine Erleichterung, im Gegenteil, sie verhielten sich aggressiv und abweisend. Trotzdem hatten sie ein hohes Kontaktbedürfnis.
Wie entsteht eine solche Bindung?	Diese Bindung entsteht durch eine einfühlsame Mutter-Kind-Beziehung. Damit dies funktioniert, muss die Mutter auf die kindlichen Bedürfnisse eingehen, es pflegen und liebevoll mit dem Kind umgehen, es beruhigen und ihm Schutz bieten.	Eine unsichere Bindung entsteht, wenn die Bezugsperson des Kindes nicht auf die kindlichen Bedürfnisse eingeht, es vernachlässigt und weder auf die kindlichen Signale reagiert, noch diese richtig deutet. Dieses Verhalten macht die Mutter für das Kind emotional unverfügbar.	Die unsichere ambivalente Bindung ist das Resultat eines ständigen Wechsels zwischen feinfühligem und abweisendem Verhalten der Bezugsperson gegenüber des Kindes. Weil die Mutter für das Kind nicht vorhersehbar reagiert, richtet sich dessen Aufmerksamkeit fortwährend auf die Mutter. Eine Trennung kann für das Kind einen Kontrollverlust darstellen, welcher es emotional sehr stark stresst.
Wodurch wird diese Bindungsart gefördert?	Die Mutter muss dem Kind Nähe bieten, beständig und nachvollziehbar mit ihm interagieren und so auch auf fremde Situationen	Die Kinder stellen sich schon von vornherein darauf ein, dass ihre Bedürfnisse und auch Wünsche nicht erfüllt werden.	Vor allem wird diese Art der Bindung durch Faktoren wie unsichere Familienverhältnisse (zum Beispiel Scheidung der Eltern), Todesfälle im nahen Familienkreis oder

	reagieren. Das Kind muss wissen, dass es sich auf seine wichtigste Bezugsperson (in diesem Fall die Mutter) in allen Situationen verlassen kann.	Deshalb grenzen sie sich emotional ab. Um das Fehlen der emotionalen mütterlichen Nähre, bzw. der Nähe zur Bezugsperson zu kompensieren, grenzen sich die Kinder schon sehr früh emotional ab.	auch durch längere Trennungen von den Eltern hervorgerufen.
Welche Auswirkungen hat diese Bindung auf das weitere Leben?	Eine sichere Bindung ist Grundvoraussetzung für psychische Gesundheit und ein gesundes Selbstvertrauen im weiteren Leben des Kindes.	Das Resultat ist, dass unsicher gebundene Kinder emotionale Beziehungen generell nicht eingehen wollen.	Im späteren Leben kämpfen unsicher ambivalent gebundene Kinder oft mit Verhaltensstörungen und/oder mit Fehlentwicklungen.

Die Bindungstypen nach Mary Ainsworth[26]

3.4.4 Fazit zur Bindung – nach John Bowlby

John Bowlby, ein Psychiater aus England, trug viel zur Entwicklungspsychologie bei. In den 1960er Jahren machte er darauf aufmerksam, wie essenziell das Bindungsverhalten an Bezugspersonen (meist die Mütter) von Kleinkindern in den ersten beiden Lebensjahren ist. Er definierte den Begriff „Attachment", mit genau diesem Verhalten von Kleinkindern. Bindung sei für ihn der erfüllte Anspruch eines Kindes, sich prinzipiell

---

[26] Vgl.: Rettenwender, Elisabeth 2021: 127

20

sicher, versorgt, akzeptiert und geliebt zu wissen. Allerdings brauche auch nach Bowlby jeder Mensch jeden Alters eine Bindung.[27]

---

[27] Vgl.: Prof. Dr. Michaelis, Richard 2006: 98

4   Die Entwicklung der Sprach- und Kommunikationsfähigkeit

4.1   Die Entstehung der Sprachentwicklung und frühe Kommunikation im Kleinkindalter

4.1.1   Allgemeines zur Sprachentwicklung

Sprache ist ein Zugang in die soziale Gemeinschaft. Der Spracherwerb wird durch eine Umgebung veranlasst, in der viel gesprochen wird, und ist sehr störungsresistent.[28] Bereits unmittelbar nach der Geburt ist ein Baby dauernd Sprache, Mimik und Gestik ausgesetzt. Somit lernt ein Kind bereits gleich nach der Geburt die Sprache, obwohl es selbst noch nicht sprechen kann. Das Verlangen nach Kommunikation ist jedoch bereits da.[29] Wenn gewisse Situationen und Reaktionen immer wieder wiederholt werden, lernen Kinder, daraus gewisse Verhaltensschemen abzuleiten. Erwachsene sind dazu da, Kindern eine umfassende und breit gefächerte Entwicklung der Sprache zu ermöglichen. Erwachsene Bezugspersonen sind aber nicht notwendig, um den Kindern das Sprechen per se zu lernen, sondern um ihnen ein Vorbild zu sein, damit die Kinder selbst lernen können, wie man spricht. Je mehr Bezugspersonen ein Kind hat (Eltern, Großeltern, Betreuer, …), desto besser ist dies für die Entwicklung der Sprache.[30]

Das Kleinkindalter, in welchem die Kinder langsam lernen, mit verbalen Ausdrücken auf die Reize der Eltern zu reagieren, ist in der Sprachentwicklung sehr bedeutend. Für ein Kleinkind hat alles, was, vor allem seine Mutter, tut, einen kommunikativen Hintergrund. Nicht nur wenn die Mutter mit dem Kind spricht, sondern auch ihr Geruch, ihre Mimik und Gestik sind für das Kind Ausdrücke der Kommunikation. Daran orientiert sich das Kind und lernt, vom Verhalten der Umwelt gewisse Schemen abzuleiten. Diese Verhaltensschemen versucht es dann, nach und nach zu erlernen und selbst als Reaktion auf Reize und Bedürfnisse einzusetzen.[31]

---

[28] Vgl.: Haug-Schnabel, Gabriele/Bensel, Joachim 2017: 45
[29] Vgl.: Zimmer, Katharina: Schritte ins Leben. Die seelische und körperliche Entwicklung von Kleinkindern. München: Kösel, 1991, S. 71
[30] Vgl.: Haug-Schnabel, Gabriele/Bensel, Joachim 2017: 45
[31] Vgl.: Zimmer, Katharina 1991: 76

4.1.2 Die Gestische Kommunikation

Eine Schlüsselfunktion in der Sprachentwicklung nimmt bereits sehr früh die so genannte „Gestische Kommunikation" ein. Sie ist ein Grundbaustein in der Entwicklung des Sprechens. Gesten, zum Beispiel von den Eltern, veranlassen das Kind bereits sehr früh, auf eine Sache aufmerksam zu werden. Wenn die Mutter beispielsweise auf ein Auto zeigt, folgt das Kind der Zeigegeste, und richtet den Blick auf dieses Auto. Sagt die Mutter dann auch noch das Wort „Auto", so entsteht im Kopf des Kindes eine Bild-Wort-Verknüpfung. Beim Wiederholen dieser Zeigegeste in Verbindung mit dem gesprochenen Wort „Auto", lernt das Kind, dass dieses Objekt „Auto" heißt. Es wurde durch Untersuchungen und Studien bewiesen, dass Kleinkinder, welche im Alter von 14 bis 16 Monaten bei ihnen unbekannten Objekten Deute-Gesten verwenden, mit 21 Monaten ein größeres Repertoire an Wörtern besitzen und mehr Geste-Wort-Kombinationen verwenden, als Kinder, die dies mit 14 bis 16 Monaten nicht taten.[32]

4.1.3 Sprachentwicklung im zweiten Lebensjahr

Mit dem Beginn des zweiten Lebensjahres kommt zuerst eine sogenannte Pseudosprache zum Einsatz. Diese hört sich deutlich strukturiert gleich der Muttersprache an. Jedoch ist sie für Erwachsene nicht verständlich. Die Pseudosprache kommt beispielsweise dann zum Vorschein, wenn das Kind mit einem Spielzeugtelefon oder einer Puppe spricht. Zwillinge können sich sogar mit Hilfe einer Pseudosprache richtig miteinander unterhalten. Die Pseudosprache ist eine Art Übergangsphase zum normalen Sprechen. Sie wird sehr individuell genutzt, manchmal länger, manchmal kürzer, oder sie kommt gar nicht zum Einsatz.[33]

Der nächste Schritt in der Sprachentwicklung ist die 50-Wort-Grenze. Mit ca. 18 Monaten haben Kleinkinder diese erreicht. Ab diesem Zeitpunkt können sie wöchentlich 50 neue Wörter erlernen. Mit dieser Wortexplosion wird das Lernen der Grammatik ermöglicht. Das Verstehen von Gesagtem anderer Personen geht dem eigenständigen Sprechen voraus. Ab diesem Alter ist das Betrachten von Bilderbüchern sinnvoll. Dabei

---

[32] Vgl.: Haug-Schnabel, Gabriele/Bensel, Joachim 2017: 45
[33] Vgl.: Prof. Dr. Michaelis, Richard 2006: 137

wird gelernt, kleine Szenen mit Worten zu beschreiben und in Zwei-Wort-Sätze zu fassen (z.B. „Mädchen lacht"). Kurz darauf beginnt die Fähigkeit, Erlebtes mit Hilfe der bekannten Wörter nachzuerzählen. [34]

Das Verständnis, dass jedes Objekt einen Namen hat, setzt ein. Die Kleinkinder wollen so viele neue Begriffe wie möglich lernen und verwenden. Eine angeborene Lernstrategie ist es, ein neues Wort immer zuerst auf das ganze Objekt zu generalisieren, bis neue Informationen zugefügt werden. Zeigt die Mutter auf einen Hund und erklärt, dass dies ein Hund ist, weiß das Kind nicht, ob die Mutter die Schnauze, das Fell oder die Ohren meint. Es nimmt also an, dass das ganze Tier Hund heißt. Eine Folge davon sind Übergeneralisierungen. Um zu unserem Beispiel zurückzukehren, sagt das Kind dann zu jedem Tier mit vier Beinen und einem Schwanz „Hund".[35]

Gegen Ende des zweiten Lebensjahres wird erwartet, dass Kinder im Stande sind, circa 50 Wörter sprechen und anwenden zu können. Viele Sprachforscher gehen davon aus, dass, wenn dies nicht der Fall ist, eine Sprachstörung die Folge sein kann. Jedoch gibt es Studien, welche belegen, dass selbst wenn zwanzig Monate alte Kinder einen Wortschatz von nur zehn bis 450 Wörter haben, keine starke Beeinträchtigung der Entwicklung der Sprache besteht. Auch hier ist wieder der Aspekt der Individualität sehr groß, denn nur weil ein Kind etwas langsamer in der Sprachentwicklung ist, darf keine Auffälligkeit in der Sprachentwicklung angenommen werden. Besonders wichtig ist auch, dass das Kind den Sinn des Gesagten versteht denn dies ist wichtiger, als selbst perfekt sprechen zu können. Mathematisch gesehen, lernen Kleinkinder gegen Ende des vierten Lebenshalbjahres alle zwei Stunden (wenn sie wach sind) ein neues Wort.[36]

4.1.4 Sprachentwicklung im dritten Lebensjahr

Im dritten Lebensjahr können sich Kinder bereits mit Hilfe von Drei- bis Fünf-Wort-Sätzen verständigen. Jedoch sind diese Sätze grammatikalisch unstrukturiert. Um die Grammatik zu lernen, wenden Kinder eine Versuch-Irrtum-Strategie an. Analogien und Verallgemeinerungen helfen den Kindern, die Grammatik zu erleichtern. So glauben

---

[34] Vgl.: Haug-Schnabel, Gabriele/Bensel, Joachim 2017: 83
[35] Vgl.: Haug-Schnabel, Gabriele/Bensel, Joachim 2017: 84
[36] Vgl.: Prof. Dr. Michaelis, Richard 2006: 146-147

manche Kinder, dass das Gegenwort zu „Helligkeit", „Dunkelkeit" heißt. Aussprachefehler werden vom Kind selbst korrigiert, und sollen möglichst nicht ausgebessert werden. Umso wichtiger ist es, die falsch ausgesprochenen Begriffe neben dem Kind deutlich zu wiederholen oder in Gespräche mit dem Kind einzubauen.[37] Generell ist es besonders in diesem Alter sehr wichtig, dass die Bezugspersonen viel mit dem Kind sprechen, um diesem die Grammatik sowie neue Wörter zu lernen, und mögliche sprachliche Fehlentwicklungen schnell zu bemerken. Gegen Ende des dritten Lebensjahres verwenden die Kinder immer mehr und mehr Adverbien und Verben, und das Sprachverständnis ist bereits gut ausgeprägt. Sie verstehen nun die generelle Bedeutung von gewissen Begriffen, können diese in Ein- und Mehrzahl verstehen, bilden Kategorien (Erwachsene = Mama, Papa, Großeltern, …) und können Aufträge verstehen und erfüllen. Kurz vorm dritten Geburtstag können viele Kinder zusammenhängende Sätze formulieren und Geschichten erzählen.[38]

4.1.5 Sprachentwicklung im vierten Lebensjahr

Mit circa drei Jahren beginnen Kinder, Verben zu konjugieren. Auch die unterschiedlichen Zeitformen werden immer mehr verstanden und auch angewandt, jedoch sind sie noch nicht in der Lage, unregelmäßige Verben richtig zu verwenden. Wörter, welche Mengen beschreiben, können Kinder nun verstehen. Sie verwenden also Mengenbezeichnungen wie „viele", „ein paar" oder „mehr". Außerdem setzt das Verständnis für Zeitvorstellungen nach und nach ein. „Gestern", „morgen" oder „bald" werden für das Erzählen von Erlebtem verwendet, und die Bedeutung dieser Begriffe verstanden. Außerdem beginnt das so genannte Frage-Alter. In diesem Alter stellen Kleinkinder übermäßig viele Wieso- Weshalb- Warum- Fragen, und wollen auf jede Frage eine sehr ausführliche und detailreiche Antwort. Dabei handelt es sich aber nicht um eine bloße Störung der Eltern, sondern darum, sich Gewissheit zu schaffen, und das jeweilige Gelernte zu verstehen und langfristig zu speichern.[39]

Kleinkinder müssen in dieser Phase der Entwicklung jedoch auch viele neue und wichtige Aspekte der deutschen Grammatik lernen, um ein erfolgreiches Sprechverhalten bilden

---

[37] Vgl.: Prof. Dr. Michaelis, Richard 2006: 166
[38] Vgl.: Haug-Schnabel, Gabriele/Bensel, Joachim 2017: 96
[39] Vgl.: Haug-Schnabel, Gabriele/Bensel, Joachim 2017: 101-102

zu können. Ein großer Teil davon ist die Zuordnung der bestimmten Artikel „der", „die" und „das" zu den zugehörigen Nomen. Zu Beginn dieses Lernprozesses probieren die Kinder einfach so lange, Artikel zuzuordnen, bis der Passende gefunden wurde. Manche Kinder umgehen das Anwenden des richtigen Artikels mit Hilfe des Allzweckshilfsartikels „de". So ähnlich funktioniert auch das Erlernen von Präpositionen. Hierbei werden besonders oft die Worte „in" und „bei" verwechselt, beispielsweise beim Beschreiben von Wohnorten. Ein großes Missverständnis bei der Kommunikation mit Kleinkindern entsteht auch oft beim Verwenden von persönlichen Fürwörtern wie „mein" und „dein". In diesem Alter ist es für Kinder sehr schwer bis unmöglich, diese Wörter zu unterscheiden und zu verstehen, wer nun damit gemeint ist. Oft denken sie, dass mit „du" sie selbst gemeint sind. Um sprachlichen Missverständnissen aus dem Weg zu gehen, sprechen Kinder oft von sich selbst in der dritten Person. Somit ist sofort klar, wer gemeint ist.[40]

4.2 Die Entstehung von Empathie

4.2.1 Wann setzt die Entwicklung der Empathie ein?

Ungefähr mit dem Zeitpunkt der Entstehung des Ich-Bewusstseins entwickelt sich die Empathie. Dies passiert gewöhnlich gegen Ende des zweiten Lebensjahres. Diese emotionale frühkindliche Empathie ist jedoch noch nicht mit dem zu verwechseln, was bei Erwachsenen als Empathie verstanden wird. Das Einfühlungsvermögen beginnt sich zu entwickeln, und die Kinder verstehen nun, dass andere Menschen Gefühle empfinden, welche aber unabhängig von denen des Kindes selbst sind. Mit drei Jahren sind Kleinkinder jedoch noch nicht in der Lage sich zu überlegen, warum eine Person traurig ist. Ebenso können sie sich noch keine Problemlösungsstrategien, wie zum Beispiel das Aufmuntern der traurigen Person, ausdenken. Sie leiden jedoch mit der anderen Person mit.[41]

---

[40] Vgl.: Prof. Dr. Michaelis, Richard 2006: 183-184
[41] Vgl.: Haug-Schnabel, Gabriele/Bensel, Joachim 2017: 94

4.2.2 Was bedeutet die Empathie für die spätere Entwicklung?

Empathie wird als gedankliche Leistung verstanden, wofür eine differenzierte Erkenntnisfähigkeit notwendig ist. Dies bedeutet, dass ein Kind, bevor es Empathie empfinden kann, erst ein Konzept seiner selbst benötigt, um sich und seine Gefühle mit denen anderer vergleichen zu können. In weiterer Folge ist die Empathie der Grundpfeiler für das Empfinden sozialer Emotionen. Diese werden in prosozial und antisozial unterschieden, und sind je nach Sozialisationserfahrung des Kindes unterschiedlich ausgeprägt. Um im späteren Leben eher prosoziale Empathie zu empfinden, muss das Kind eine Kindheit haben, in der es selbst Mitgefühl, Mitleid, Rücksicht, etc. erlebt. Danach kann es diese Emotionen auch an andere Personen weitergeben. Antisoziale Empathie wird gelernt, wenn die Bezugsperson auf hilfesuchende oder freundliche Appelle des Kindes abweisend reagiert, oder sie gar nicht bemerkt. Somit werden diese Emotionen vom Kind unterdrückt und es wird selbst eher in der Lage sein, antisoziale Emotionen wie Neid, Schadenfreude, Hass, Gemeinheit, etc. als prosoziale Emotionen zu empfinden und anzuwenden.[42]

---

[42] Vgl.: Haug-Schnabel, Gabriele/Bensel, Joachim 2017: 94

5 Spielen und die Bedeutung des Spiels für die frühkindliche Entwicklung

5.1 Was versteht man unter „Spiel"?

Das kindliche Spielen ist nicht nur ein bedeutungsloser Zeitvertreib. Spielen ist äußerst wichtig für eine gelungene Entwicklung der Psyche und einer gesunden sozialen Kompetenz. Des Weiteren hat das Spiel auch Auswirkungen auf die physische Entwicklung. Einige Grundaspekte sind beim Spiel zu beachten. Diese wären unter anderem die Wichtigkeit der freien Handlung, die Freiwilligkeit und Selbstbestimmung und die Zweckfreiheit. Das Spielen soll kein bestimmtes Ziel verfolgen. Kinder spielen vielmehr nur, um zu spielen. Das Spiel ist eine Loslösung vom ernsten Alltag und soll der Fantasie des Kindes freien Lauf und die Möglichkeit auf Selbstentfaltung geben. Weiters ist das Spielen wichtig für die kognitive und psychomotorische Entwicklung, da bestimmte Lernvorgänge stattfinden. Dennoch sollen Kinder nicht zum Spielen gezwungen werden, da in diesem Falle das Gefühl der Spannung und Freude ausbleibt. Kinder können grundsätzlich immer und überall spielen. Somit können sie auch immer und überall neue Kompetenzen erwerben, während der Spaß selbst immer im Vordergrund steht.[43]

5.2 Die 16 Spielformen und die Spielformen nach Jean Piaget

5.2.1 Die 16 Spielformen

Dr. Armin Krenz erklärte die 16 Spielformen von Kindern, welche in jeder Altersgruppe wichtig sind, und auch zum Vorschein kommen. Jede davon ist für eine gute Entwicklung gleich wichtig. Auch wenn einige Spielformen leider immer weniger populär sind, gibt es die meisten schon seit sehr langer Zeit.[44]

---

[43] Vgl.: Prodan, Noah: Die Bedeutung des Spiels für die Entwicklung des Kindes. 1. Auflage. Langenargen: GRIN, 2015, S. 3-4

[44] Vgl.: Dr. Krenz, Armin: Das Spiel ist der Beruf des Kindes. Das kindliche Spiel als Grundlage der Persönlichkeits- und Lernentwicklung von Kindern im Kindergartenalter. https://bvnw.de/wp-content/uploads/2012/02/Das-Spiel-ist-der-Beruf-des-Kindes-Armin-Krenz.pdf (Zugriff am 3.1.2022), S. 5-6

Die 16 Spielformen sind:

- Bauspiel (Bausteine, Lego, ...)
- Fingerspiel
- Gruppendynamische Spiele
- Märchenspiel
- Theaterspiel
- Rollenspiel (Mutter-Vater-Kind, ...)
- Das Freispiel (ähnlich wie Rollenspiel)
- Aggressionsspiele zum Austoben
- Sozialregelspiele
- Schattenspiel
- Handpuppenspiel
- Musikspiele
- Bewegungsspiele (Ballspiele, Fangen-Spielen, ...)
- Produktionsspiele zum Gestalten (Malen, Basteln, ...)
- Konstruktionsspiele
- Entdeckungsspiele [45]

5.2.2 Jean Piaget (9.08.1896 - 16.09.1980)

Jean Piaget war als Psychologe, Biologe und Philosoph in der Schweiz tätig. Er leistete einen großen Beitrag zur kognitiven Entwicklungspsychologie und forschte viel zur frühkindlichen Wahrnehmung und den kognitiven Entwicklungsphasen. Sein Grundsatz war, dass Denken durch Handeln entsteht.[46]

---

[45] Vgl.: Dr. Krenz, Armin o.J.: 6
[46] Vgl.: Herausgeber: Wenzel, Maximilian: Jean Piaget (1896 – 1980).
http://www.philosophenlexikon.de/jean-piaget-1896-1980/ (Zugriff am 3.1.2022).

5.2.3 Jean Piagets Spielformen

Jean Piaget unterschied drei Hauptformen des Spiels, welche oft als Grundlage des Spiels angesehen werden. Diese sind das Übungs- Regel- und Symbolspiel. Bereits vor der Schwelle zum Kleinkind beginnen Babys mit dem Übungsspiel. Hierbei geht es um das Üben von einfachen Handlungsschemata ohne einem bestimmten Ziel des Spiels. Im ersten Lebensjahr sind daher Rasseln und Greifringe sehr beliebt. Ab dem Beginn des Kleinkindalters ist für die Kinder das Austesten und Erforschen sehr interessant. Sie wollen vor allem von anderen wahrgenommen werden, sollen neue Gegenstände kennenlernen und Ursache – Wirkung - Zusammenhänge verstehen. Kinder sollen sich beim Übungsspiel an die Umwelt anpassen. Mit circa drei Jahren sind Kleinkinder körperlich fähig, komplexere Tätigkeiten auszuführen, und mit der voranschreitenden Phantasieentwicklung kann sich aus dem Übungsspiel das Symbolspiel entwickeln. Mit dem Ende des dritten Lebensjahres endet das Übungsspiel normalerweise.

Eine Voraussetzung für das Symbolspiel ist, dass sich Kinder Gegenstände vorstellen. Das Symbolspiel ist ein fiktives Spiel, in welchem Gegenstände von der Realität gelöst werden. Ein Ast ist nun nicht mehr Teil eines Baumes, sondern ein Gewehr, und Puppen sind echte Kinder. Zu Beginn werden einfache Handlungen simuliert, mit der Zeit entwickelt sich das Symbolspiel jedoch zu anderen, komplexeren Formen, wie z.B. dem Rollenspiel mit anderen, oder dem Theaterspiel. Mit zwei Jahren wollen Kleinkinder die Erwachsenen nachahmen, und später spielen sie den so genannten „Als-ob-Fall" durch. Mit drei Jahren können Kinder jedoch schon klare Grenzen zwischen fiktiver Welt und Realität ziehen und nützen diese auch für ihr Spiel aus. Beim Symbolspiel können Kinder Gefühle zum Ausdruck bringen und ihre Lebenssituation verarbeiten. Kreativität und Phantasie werden entwickelt und es kann ein für das Kind idealer Lebensraum erschaffen werden. Das Regelspiel ist ein Spiel mit sozialen Strukturen. Es wird mit mehreren Mitspielern gespielt, wobei sich alle an die zuvor ausgemachten Regeln halten müssen. Das Regelspiel geht weit über das Kindesalter hinaus und ist wichtig für die Entwicklung von Selbstbewusstsein und sozialem Denken.[47]

---

[47] Vgl.: Prodan, Noah 2015: 10-12

6 Resümee

Beim Beantworten der Frage, welche Einflussfaktoren es bei der Entwicklung von Kleinkindern gibt, ließen sich einige wichtige Faktoren feststellen. Es wurde gezeigt, dass die Entwicklung immer individuell ist und es keine eindeutig festgelegte „normale" Entwicklung gibt. In der Entwicklungspsychologie steht immer die Individualität im Vordergrund. Des Weiteren ließ sich feststellen, dass Kinder, welche von den Eltern oder Bildungseinrichtungen gefördert werden, später einen höheren IQ haben als Kinder, welche keine besondere Förderung genießen durften. Folgend wurden die vier gewöhnlichsten Erziehungsstile sowie deren Vor- und Nachteile erläutert. Daraus resultierend ist der autoritätsbezogenen Erziehungstyp, welcher eine Kombination aus den Vorteilen der nachlässigen und der autoritären Erziehung darstellt, wohl der Sinnvollste. Die Eltern leiten und fördern das Kind und geben Freiraum zur Entfaltung. Kinder haben dadurch die besten Voraussetzungen auf ein glückliches weiteres Leben. Dass Bindung zu einer Bezugsperson ebenfalls ein sehr wichtiger Schritt in der emotionalen Entwicklung darstellt, wurde anhand des Experiments von Mary Ainsworth erläutert. Laut ihr gibt es drei Bindungstypen, wobei die sichere Bindung den Idealsten darstellt. Um eine sichere Bindung und somit eine gute weitere Sozialisation zu erzielen, muss die Bezugsperson dem Kind Nähe und Zuneigung schenken, nachvollziehbar agieren sowie auf die kindlichen Bedürfnisse eingehen. Einen weiteren wichtigen Entwicklungsschritt stellt die Sprachentwicklung dar, die größtenteils im Kleinkindalter stattfindet. Sie beginnt mit einzelnen Buchstabenkombinationen und entwickelt sich von Zweiwortsätzen immer weiter bis zur Fähigkeit, Erlebtes nachzuerzählen, Wünsche zu äußern sowie Aufgaben zu verstehen und auszuführen. Etwa gleichzeitig setzt die Entstehung der frühkindlichen Empathie ein. Diese wird je nach positiven bzw. negativen Erfahrungen geprägt. Kleinkinder sind jedoch noch nicht in der Lage, Probleme von anderen zu verstehen, oder eine traurige Person zu trösten. Zuletzt wird die Wichtigkeit des kindlichen Spiels erläutert. Kinder spielen ohne bestimmten Grund, es liegt in ihrer Natur. 16 Spielformen wurden bisher festgelegt, wovon alle praktiziert werden sollten, um eine gelungene Entwicklung zu erzielen. Der Entwicklungspsychologe Jean Piaget erklärte drei Hauptformen des kindlichen Spiels, das Übungs- Regel- und Symbolspiel, wovon alle gleich wichtig und essenziell für eine gelungene Entwicklung sind.

Quellenverzeichnis

Literatur:

Haug-Schnabel, Gabriele/Bensel, Joachim: Grundlagen der Entwicklungspsychologie. Die ersten 10 Lebensjahre. 12. Auflage. Freiburg im Breisgau: Herder, 2017

Prodan, Noah: Die Bedeutung des Spiels für die Entwicklung des Kindes. 1. Auflage. Langenargen: GRIN, 2015

Prof. Dr. Michaelis, Richard: Die ersten fünf Jahre im Leben eines Kindes. München: Knaur, 2006

Rettenwender, Elisabeth: PSYCHOlogie. 4. Auflage. Wien: Veritas, 2021

Speck, Otto: Chaos und Autonomie in der Erziehung. Erziehungsschwierigkeiten unter moralischem Aspekt. München: Reinhardt-Verlag: 1991

Zimmer, Katharina: Schritte ins Leben. Die seelische und körperliche Entwicklung von Kleinkindern. München: Kösel, 1991

Internet:

Brezinka, Wolfgang: Definition Erziehung: https://www.hf.uni-koeln.de/data/lebama/File/Definitionen%20von%20Erziehung.pdf (Zugriff am 28.10.2021).

Dr. Krenz, Armin: Das Spiel ist der Beruf des Kindes. Das kindliche Spiel als Grundlage der Persönlichkeits- und Lernentwicklung von Kindern im Kindergartenalter. https://bvnw.de/wp-content/uploads/2012/02/Das-Spiel-ist-der-Beruf-des-Kindes-Armin-Krenz.pdf (Zugriff am 3.1.2022).

Giera, Sandra: Stärken und Schwächen der autoritären Erziehung. https://sandragiera.de/staerken-und-schwaechen-der-autoritaeren-erziehung/ (Zugriff am 28.10.2021).

Giera, Sandra: Stärken und Schwächen der autoritätsbezogenen Erziehung. https://sandragiera.de/staerken-und-schwaechen-der-autoritaetsbezogenen-erziehung/ (Zugriff am 28.10.2021).

Giera, Sandra: Stärken und Schwächen der nachlässigen Erziehung.
https://sandragiera.de/staerken-und-schwaechen-der-nachlaessigen-erziehung/
(Zugriff am 28.10.2021).

Giera, Sandra: Stärken und Schwächen der vernachlässigenden Erziehung.
https://sandragiera.de/staerken-und-schwaechen-der-vernachlaessigenden-
erziehung/ (Zugriff am 28.10.2021).

Herausgeber: Moosbach, Dirk: Frühkindlich.
https://www.wortbedeutung.info/fr%C3%BCkindlich/ (Zugriff am 28.8.2021).

Herausgeber: Wenzel, Maximilian: Jean Piaget (1896 – 1980).
http://www.philosophenlexikon.de/jean-piaget-1896-1980/ (Zugriff am 3.1.2022).

Kassenärztliche Bundesvereinigung: Altersgruppen. 01.07.2021.
https://www.kbv.de/tools/ebm/html/4.3.5_16239500444692756227484.html
(Zugriff am 28.8.2021).

o.V.: Fremde-Situations-Test. https://de.wikipedia.org/wiki/Fremde-Situations-Test
(Zugriff am 28.10.2021).

o.V.: Kleinkind. Das. https://www.duden.de/rechtschreibung/Kleinkind (Zugriff am
28.8.2021).

o.V.: Kleinkinder. 16.03.2021. https://de.wikipedia.org/wiki/Kleinkind (Zugriff am
28.8.2021).

Stangl, W.: Stichwort: 'Entwicklungsalter – Online Lexikon für Psychologie und
Pädagogik'. https://lexikon.stangl.eu/11171/entwicklungsalter (Zugriff am 18.9.2021).

Voigt, Nadine: Pädagogische Qualität.
https://shop.autorenwelt.de/products/padagogische-qualitat-qualitat-fur-schulkinder-
in-tageseinrichtungen-quast-von-nadine-voigt. Langenargen: GRIN, 2007

Abbildung:

Mühlan, Eberhard: Einzigartig. 1. Auflage. Braunschweig: Mühlan Medien, 2014